Ghislaine Danan-Bénady

BRICKS

MINI gourmands | SOLAR EDITIONS

Sommaire

Introduction

Si les ingrédients nécessaires à la préparation des feuilles de brick sont élémentaires - eau et semoule très fine - il n'en faut pas moins une très grande habileté pour les réaliser. C'est pourquoi il vaut mieux les acheter toutes prêtes. On les trouve très facilement dans le commerce et elles sont délicieuses.

Spécialité d'Afrique du Nord dédiée à la préparation des pastillas notamment, la feuille de brick a traversé avec bonheur la Méditerranée pour donner à nos menus un petit air de fête. Fine comme de la dentelle, elle apporte une note croustillante à nos aumônières, papillotes et autres feuilletés.
Vous trouverez dans le commerce des feuilles de brick pliées ; choisissez cependant celles emballées à plat, le pli du milieu étant gênant si vous utilisez la feuille entière. Si les feuilles vous semblent sèches ou un peu cassantes, recouvrez-les d'un linge propre et humide afin de leur redonner la souplesse suffisante pour les travailler.

Faites toujours cuire ou frire les feuilles de brick avant de les servir, elles n'en seront que plus croustillantes, et c'est là tout leur charme.
Succulentes lorsqu'elles accompagnent la viande et le poisson, elles s'harmonisent aussi bien avec les fromages qu'avec fruits et glaces pour les desserts. Légères et fines, elles prendront toutes les formes que vous leur donnerez. Ainsi, vous pourrez laisser courir votre imagination et égayer d'une pointe d'originalité les préparations les plus traditionnelles.

Vous trouverez dans ce livre des recettes variées vous permettant de composer tout un menu, de l'apéritif au dessert.

Cigares au thon

Pour 6 personnes

6 branches de coriandre fraîche

1 gros oignon

1 cuill. à soupe de câpres

1 noix de beurre

1 blanc d'œuf

5 feuilles de brick

1 boîte de thon au naturel

Huile pour friture

Poivre

Temps de préparation et de cuisson : 40 mn

- Pelez l'oignon et coupez-le en lamelles que vous ferez dorer à feu doux dans une poêle avec le beurre.
- Lavez et ciselez grossièrement la coriandre.
- Dans un saladier, émiettez le thon bien égoutté. Ajoutez-y la coriandre, les câpres et les lamelles d'oignon, mélangez bien et poivrez.
- Détachez les feuilles de brick de leur papier de séparation et coupez-les en quatre.
- Disposez devant vous les feuilles de brick, partie large vers vous, et déposez-y au milieu une cuillerée de la préparation. Rabattez les côtés et enroulez pour former le cigare. Collez la pointe avec un peu de blanc d'œuf.
- Faites frire les cigares obtenus dans de l'huile chaude, mais non fumante, puis posez-les quelques secondes sur un papier absorbant avant de les servir chauds.

Vous pouvez préparer les cigares à l'avance et les conserver crus au congélateur.

Cigares de fromage aux poireaux

Pour 6 personnes

3 poireaux

2 échalotes

1 camembert au lait cru

30 g de beurre

1 blanc d'œuf

8 feuilles de brick

Huile pour friture

Poivre

Temps de préparation et de cuisson : 35 mn

• Coupez les extrémités des échalotes et les poireaux en gardant un peu de vert. Lavez-les soigneusement; coupez les poireaux en fines lamelles et les échalotes en tout petits morceaux. Enlevez un peu de peau du camembert.

• Faites fondre les poireaux et les échalotes dans une poêle enduite de beurre. Laissez cuire 15 minutes environ à feu moyen, jusqu'à ce que l'eau s'évapore. Assaisonnez avec le poivre. Pendant ce temps, coupez le camembert en 16 parts.

• Détachez les feuilles de brick de leur papier de séparation et coupez-les en quatre.

• Posez la feuille de brick, côté large devant vous, déposez une part de camembert et les poireaux. Rabattez les bords et enroulez pour former le cigare. Collez la pointe avec le blanc d'œuf.

• Faites frire les cigares à la poêle dans de l'huile chaude, mais non fumante, puis posez-les quelques secondes sur du papier absorbant avant de servir.

Servez chaud accompagné d'une salade de mesclun mélangée à quelques feuilles de roquette.

Coussinets de chèvre aux fèves

Pour 6 personnes

6 crottins de chèvre

300 g de fèves fraîches

1 bouquet de coriandre fraîche

30 grains de raisin vert

1 blanc d'œuf

9 feuilles de brick

Huile pour friture

Sel et poivre

Temps de préparation et de cuisson : 25 mn

- Enlevez la peau des fèves et faites-les pocher 5 minutes dans une casserole d'eau bouillante salée. Égouttez-les dans une passoire.
- Coupez chaque crottin en 3 rondelles. Lavez la coriandre et réservez 18 extrémités de feuilles pour décorer et ciselez grossièrement le reste de la coriandre.
- Détachez les feuilles de brick de leur papier de séparation, coupez-les en deux.
- Sur chaque demi-feuille, déposez une rondelle de fromage, quelques fèves, poivrez et saupoudrez de coriandre. Rabattez les côtés et pliez pour obtenir des petits coussinets. Collez avec le blanc d'œuf.
- Enlevez la peau des grains de raisin et réservez-les.
- Faites frire les coussinets dans de l'huile chaude, mais non fumante, puis posez-les quelques secondes sur un papier absorbant avant de les servir chauds et disposez-en trois par assiette. Déposez dessus un brin de coriandre et décorez avec les raisins.

Tartelettes aux poires et au roquefort

Pour 6 personnes

4 poires conférence

Jus de 1 citron

150 g de roquefort

30 g de beurre

6 feuilles de brick

Huile d'arachide

Poivre

Temps de préparation et de cuisson : 20 mn

- Pelez les poires et coupez-les en fines lamelles, arrosez-les de quelques gouttes de jus de citron pour qu'elles restent blanches. Réservez-les.
- Dans une assiette, mélangez ensemble le roquefort et le beurre en les écrasant avec une fourchette.
- Préchauffez le four à 180 °C (th. 6).
- Détachez les feuilles de brick de leur papier de séparation. Dans chaque feuille, découpez 3 ronds pour faire le fond de la tarte et enduisez-les d'huile d'arachide, sur les deux faces, à l'aide d'un pinceau.
- Superposez 3 ronds l'un sur l'autre, répartissez le roquefort et posez dessus, en forme de pétales, les lamelles de poires. Poivrez et enfournez. Laissez cuire 7 minutes et servez chaud.

Bricks de pommes de terre aux oignons

Pour 6 personnes

3 belles pommes de terre

3 oignons moyens

6 œufs

150 g d'olives vertes dénoyautées

1 bouquet de coriandre

6 feuilles de brick

2 cuill. à soupe d'huile d'olive

Huile pour friture

Sel et poivre

Temps de préparation et de cuisson : 35 mn

• Lavez les pommes de terre et faites-les bouillir pendant 10 minutes dans une casserole d'eau bouillante salée.

• Pendant ce temps, épluchez les oignons et coupez-les en fines lamelles avant de les faire revenir dans une poêle, avec une cuillerée à soupe d'huile d'olive.

• Rincez et coupez les olives en petits morceaux. Lavez et ciselez la coriandre.

• Lorsque les pommes de terre ont refroidi, épluchez-les, écrasez-les à la fourchette pour obtenir une purée et mélangez-les dans un saladier avec les olives, les oignons et la coriandre. Salez, poivrez et arrosez avec le reste d'huile d'olive.

• Détachez les feuilles de brick de leur papier de séparation et faites chauffer l'huile de friture dans une poêle.

• Posez une feuille de brick dans une assiette. Déposez au centre de la feuille une quantité de purée équivalant au 1/6e de la purée préparée, étalez-la légèrement en faisant un petit puits dans lequel vous casserez 1 œuf. Rabattez la moitié de la feuille pour former un chausson et glissez-le dans la poêle en appuyant sur les bords à l'aide d'une spatule en bois pour refermer le chausson. Faites dorer 30 secondes d'un côté, puis retournez délicatement pour faire dorer l'autre face.

Bouchées de saumon aux épinards

Pour 6 personnes

6 filets de saumon

500 g d'épinards en branches

6 branches de coriandre

2 gousses d'ail

6 brins de ciboulette

50 g de beurre

8 feuilles de brick

3 cuill. à soupe d'huile d'arachide

Sel et poivre

Temps de préparation et de cuisson : 50 mn

- Lavez soigneusement les épinards, feuille par feuille. Pelez l'ail et lavez-le ainsi que la coriandre. Hachez l'ail.
- Dans une sauteuse, faites fondre le beurre et versez dedans les branches d'épinards avec 10 cl d'eau. Salez, poivrez et ajoutez l'ail. Laissez fondre à feu doux.
- Préchauffez le four à 220 °C (th. 7).
- Lorsque les épinards sont cuits, au bout de 15 minutes environ, mettez-les de côté et laissez-les tiédir.
- Dans une casserole d'eau bouillante salée, faites ramollir pendant 1 minute les brins de ciboulette. Gardez-les séparés dans une assiette.
- Détachez les feuilles de brick de leur papier de séparation. Conservez-en six entières et coupez les deux autres en quatre. À l'aide d'un pinceau, badigeonnez d'huile d'arachide les feuilles et la plaque du four.
- Dans le centre de la feuille, déposez une branche de coriandre, étalez des épinards et posez dessus un filet de saumon. Remontez les bords de la feuille et attachez avec un brin de ciboulette.
- Déposez les bouchées sur la plaque du four et faites cuire 10 minutes. Servez chaud.

Quenelles aux anchois

Pour 6 personnes

600 g d'anchois frais

3 courgettes très fermes

3 oignons frais

6 brins de basilic

20 cl de crème fraîche

6 feuilles de brick

10 cl de vin blanc

4 cuill. à soupe d'huile d'olive

1 cuill. à soupe de vinaigre de framboise

Huile d'arachide

Sel et poivre

Temps de préparation et de cuisson : 20 mn

- Lavez le basilic, gardez l'extrémité des feuilles pour décorer.
- Pelez les oignons et lavez-les. Enlevez l'arête centrale des anchois et hachez-les avec les oignons et les tiges de basilic.
- Dans un saladier, versez les anchois et les oignons; mélangez avec la crème fraîche, le vin, la moitié de l'huile d'olive, du sel et du poivre pour obtenir un mélange homogène. Recouvrez d'un film alimentaire étirable et réservez au frais.
- Lavez les courgettes, coupez les extrémités et découpez-les en lanières à l'aide d'un couteau économe. Faites-les pocher 1 minute dans une casserole d'eau bouillante salée, puis égouttez-les dans une passoire.
- Faites préchauffer le four à 180°C (th. 6). Détachez les feuilles de brick de leur papier de séparation, coupez-les en quatre et badigeonnez-les d'huile d'arachide sur les deux faces, à l'aide d'un pinceau. Huilez également la plaque du four sur laquelle vous allez les poser. Faites dorer pendant 2 minutes.
- Préparez une vinaigrette avec le reste d'huile d'olive, le vinaigre, du sel et du poivre. Assaisonnez-en les courgettes.
- Répartissez les courgettes dans des assiettes, posez dessus, en éventail, 4 morceaux de brick, et déposez une quenelle d'anchois que vous aurez formée dans le creux de vos mains.

Croustillants de coquilles Saint-Jacques

Pour 6 personnes

24 coquilles Saint-Jacques avec le corail

2 carottes

2 courgettes

1 gros poireau

6 beaux brins de coriandre

50 g de beurre

30 cl de crème fleurette

9 feuilles de brick

Huile pour friture

Sel et poivre

Temps de préparation et de cuisson : 30 mn

- Pelez les carottes. Lavez-les avec les courgettes, le poireau et la coriandre. Râpez les carottes et les courgettes; coupez le poireau en fines lanières.
- Lavez les coquilles Saint-Jacques et épongez-les pour qu'elles ne soient pas trop gorgées d'eau.
- Détachez les feuilles de brick de leur papier de séparation, découpez 2 rectangles dans trois des feuilles et conservez les six autres entières.
- Posez, sur une planche à découper, une feuille entière et disposez au centre un brin de coriandre que vous recouvrez avec un rectangle de feuille de brick. Disposez dessus 4 noix de saint-jacques, salez, poivrez et rabattez les bords de la feuille pour obtenir un rectangle.
- Dans une poêle, faites fondre le beurre et faites revenir les légumes pendant 10 minutes à feu doux en remuant de temps en temps. Lorsque les légumes sont cuits, versez la crème, salez, poivrez et éteignez le feu.
- Pendant ce temps, dans une autre poêle, versez l'huile de friture et faites dorer les croustillants sur les deux faces.
- Placez les croustillants dans des assiettes individuelles et versez la sauce avec les légumes autour.

Corolles de tartare de saumon

Pour 6 personnes

800 g d'escalopes de saumon cru

4 oignons frais

4 cuill. à soupe de câpres

1 citron

1 bouquet d'aneth

1 gousse d'ail

6 feuilles de brick

3 cuill. à soupe d'huile d'olive

2 cuill. à soupe d'huile d'arachide

Sel et poivre

Temps de préparation et de cuisson : 30 mn

• Rincez les escalopes de saumon, égouttez-les, puis coupez-les en tout petits cubes pour obtenir le tartare.

• Rincez les câpres à l'eau froide. Pelez l'ail et les oignons; rincez-les avec l'aneth (conservez-en quelques brins pour le décor) et le citron. Coupez 2 lamelles de peau du citron.

• Passez ensemble au hachoir le reste de l'aneth, les lamelles de citron, l'ail et les oignons.

• Dans un saladier, versez le tartare de saumon, les ingrédients hachés et les câpres. Arrosez le tout avec l'huile d'olive, le jus du citron, du sel et du poivre.

• Mélangez, recouvrez d'un film alimentaire et conservez au réfrigérateur le temps de préparer les corolles.

• Préchauffez le four à 180 °C (th. 6).

• Badigeonnez d'huile d'arachide les deux faces des feuilles de brick et la plaque du four. Prenez un moule à hauts bords ou un ramequin, enduisez, à l'aide d'un pinceau, le fond et la paroi d'huile d'arachide. Découpez éventuellement la feuille de brick si elle est trop grande, formez la corolle dans le moule et faites-la dorer pendant 2 minutes environ.

• Lorsque les corolles sont froides, remplissez-les de tartare et décorez de brins d'aneth.

Bouchées champignons-crevettes

Pour 6 personnes

800 g de crevettes cuites décortiquées

300 g de champignons mélangés (pleurotes, cèpes, girolles)

5 échalotes

1 bouquet de ciboulette

250 g de beurre

20 cl de crème fleurette

9 feuilles de brick

2 cuill. à soupe d'huile d'olive

Sel et poivre

Temps de préparation et de cuisson : 45 mn

- Lavez les champignons et séchez-les dans un linge.
- Pelez les échalotes et coupez-les en tout petits morceaux. Dans une sauteuse, versez l'huile d'olive et faites revenir la moitié des échalotes. Faites cuire ensuite les champignons à feu vif pendant 2 minutes, puis 10 minutes à feu doux jusqu'à ce qu'ils perdent leur eau et qu'ils soient dorés.
- Ajoutez les crevettes, mélangez 2 minutes et réservez.
- Dans une casserole d'eau bouillante salée, faites ramollir 6 brins de ciboulette 1 minute, puis déposez-les chacun sur une assiette.
- Préchauffez le four à 180 °C (th. 6). Détachez les feuilles de brick de leur papier de séparation, gardez 6 feuilles entières et coupez 2 ronds dans les feuilles restantes. Faites fondre 50 g de beurre et enduisez-en les feuilles de brick, à l'aide d'un pinceau.
- Déposez un rond au centre de chaque feuille. Recouvrez du mélange crevettes-champignons et remontez les bords de la feuille pour la fermer avec un brin de ciboulette. Posez sur la plaque du four et faites dorer 5 minutes environ.
- Préparez la sauce : dans une casserole, faites fondre le beurre, ajoutez les échalotes restantes, la crème fleurette et le reste de ciboulette ciselée. Salez et poivrez.
- Placez les bouchées dans des assiettes individuelles et versez la sauce autour.

Fruits de mer en corolles

Pour 6 personnes

500 g de dos de lotte

500 g de crevettes décortiquées

500 g de moules

500 g d'épinards en branches

1 bouquet de coriandre

Jus de 1 citron frais

2 gousses d'ail

1 citron confit

12 feuilles de brick

1 cuill. à soupe de cumin

1 cuill. à soupe de niora concassée ou paprika doux grossièrement moulu

4 cuill. à soupe d'huile d'olive

Huile d'arachide

Sel et poivre

Temps de préparation et de cuisson : 1 h 10

• Faites dessaler le citron confit dans un bol d'eau froide pendant 5 minutes.

• Dans une marmite, à feu moyen, faites ouvrir les moules. Laissez tiédir, puis enlevez les coquilles et réservez avec les crevettes.

• Découpez la lotte en petits morceaux et réservez-les également.

• Pelez les gousses d'ail et hachez-les finement avec le citron confit.

• Dans un saladier, faites mariner pendant 20 minutes les moules, les crevettes et la lotte dans le jus du citron frais, 2 cuillerées à soupe d'huile d'olive, l'ail et le citron confit, le cumin et la niora (ou le paprika), du sel et du poivre.

• Dans une poêle, versez le reste d'huile d'olive et faites revenir à feu doux les épinards lavés et coupés en fines lanières. Lorsqu'ils sont moelleux, ajoutez la coriandre ciselée, puis versez moules, crevettes et lotte avec leur marinade. Mélangez.

• Préchauffez le four à 180 °C (th. 6). Enduisez d'huile d'arachide les deux faces des feuilles de brick, la plaque du four et l'intérieur d'un ramequin. Superposez deux feuilles de brick pour former la corolle dans le moule, découpez les bords en pointe et rabattez-les. Faites dorer 2 minutes environ.

• Placez les corolles dans des assiettes et remplissez-les du mélange épinards-saumon. Servez chaud.

Aumônières forestières

Pour 6 personnes

400 g de foies de volaille

800 g de cèpes et de girolles

Jus de 1 citron

2 échalotes

10 brins de persil

6 brins de ciboulette

2 gousses d'ail

50 g de beurre

2 jaunes d'œufs

9 feuilles de brick

2 cuill. à soupe de cognac

1 cuill. à café de moutarde mi-forte

3 cuill. à soupe d'huile de noix

Sel et poivre

Temps de préparation et de cuisson : 35 mn

• Nettoyez soigneusement les foies de volaille à l'eau froide. Coupez-les en deux et enlevez le sang qui se trouve à l'intérieur. Lavez le persil et les champignons; séchez-les délicatement dans un linge. Pelez les échalotes et l'ail.

• Dans une sauteuse, faites fondre la moitié du beurre, faites revenir les foies pendant 3 minutes à feu moyen, versez le cognac et flambez-le. Ajoutez les champignons, coupés s'ils sont trop gros. Ciselez le persil et ajoutez l'ail et les échalotes coupés en petits morceaux. Laissez cuire à feu doux 10 minutes environ jusqu'à évaporation de l'eau.

• Préparez la sauce en mélangeant la moutarde, les jaunes d'œufs, le jus du citron, l'huile de noix, du sel et du poivre.

• Faites ramollir pendant 1 minute les brins de ciboulette dans une casserole d'eau salée bouillante.

• Préchauffez le four à 180 °C (th. 6). Détachez les feuilles de brick, conservez-en 6 entières et coupez 2 ronds dans celles restantes. Faites fondre le reste de beurre et enduisez-en les feuilles à l'aide d'un pinceau.

• Posez au centre de chaque feuille un rond découpé, versez les champignons, rabattez les bords et attachez-les avec un brin de ciboulette. Faites dorer 3 minutes au four.

• Placez les aumônières dans des assiettes,nappez de sauce et servez.

Aumônières d'escargots

Pour 6 personnes

6 douzaines d'escargots de Bourgogne

600 g de lardons fumés

2 échalotes

6 brins de ciboulette

2 jaunes d'œufs

30 g de crème fleurette

9 feuilles de brick

10 cl de vermouth

4 cuill. à café de fond de veau déshydraté

Huile d'arachide

Sel et poivre

Temps de préparation et de cuisson : 40 mn

• Rincez les escargots à l'eau froide. Pelez les échalotes et coupez-les en tout petits morceaux.

• Dans une sauteuse, faites dorer les lardons à feu moyen pendant 3 minutes. Conservez le gras fondu et égouttez les lardons; réservez-les dans un saladier. Dans le gras des lardons, jetez les échalotes et les escargots, remuez et faites cuire 10 minutes à feu moyen. Salez et poivrez.

• Ajoutez le fond de veau, la crème et le vermouth; mélangez bien. Lorsque la sauce semble homogène, retirez les escargots et réservez-les avec les lardons. Gardez la sauce.

• Faites ramollir les brins de ciboulette pendant 1 minute dans une casserole d'eau bouillante salée. Déposez-les sur une assiette en les séparant bien les uns des autres.

• Détachez les feuilles de brick. Conservez-en 6 entières et découpez 2 ronds dans les 3 restantes. Badigeonnez les feuilles d'huile d'arachide à l'aide d'un pinceau.

• Préchauffez le four à 180 °C (th. 6). Prenez une feuille de brick, déposez au milieu un rond et recouvrez d'escargots et de lardons. Ramassez les bords et attachez-les avec un brin de ciboulette. Laissez cuire 10 minutes.

• Pendant ce temps, faites légèrement chauffer la sauce et ajoutez les jaunes d'œufs. Mélangez. Déposez-les dans les assiettes et nappez la sauce autour.

Nems de foie gras aux poires

Pour 6 personnes

600 g de foie gras de canard cru

4 poires conférence

20 g de beurre

1 blanc d'œuf

6 feuilles de brick

Huile d'arachide

Sel et poivre

Temps de préparation et de cuisson : 20 mn

• Dénervez le foie gras avant de le couper en 12 morceaux égaux. Mettez au frais.

• Pelez les poires et coupez chacune en 8 lamelles.

• Détachez les feuilles de brick de leur papier de séparation et coupez-les en deux. Posez les demi-feuilles dans le sens de la hauteur, déposez un morceau de foie gras sur le tiers bas de chacune des demi-feuilles, ajoutez une lamelle de poire, salez et poivrez. Rabattez les côtés et enroulez pour former le nem. Collez avec le blanc d'œuf.

• Dans une poêle, faites fondre le beurre et faites dorer, à feu doux, les lamelles de poires. La poire étant fragile, surveillez bien la cuisson pour que les lamelles restent présentables. Au fur et à mesure qu'elles sont cuites, posez-les sur l'assiette de service.

• Dans une autre poêle, faites frire les nems dans l'huile d'arachide. Dès qu'ils sont dorés, environ 1 minute sur chaque face, posez-les quelques secondes sur un papier absorbant et disposez-les sur les assiettes avec les poires. Servez aussitôt.

Vous pouvez servir ces nems avec une sauce soja bien diluée avec de l'eau.

Croustillants de boudin aux pommes

Pour 6 personnes

6 boudins noirs

10 pommes golden

4 oignons

1 blanc d'œuf

100 g de beurre

6 feuilles de brick

1/2 cuill. à café de gingembre en poudre

Huile d'arachide

Poivre

Temps de préparation et de cuisson : 1 h

- Épluchez les oignons, coupez-les en fines lamelles, faites-les dorer dans 20 g de beurre et réservez-les.
- Pelez les pommes. Prenez-en sept que vous coupez en morceaux pour les préparer en purée. Dans une casserole, à feu doux, faites fondre 50 g de beurre, versez les morceaux de pommes, ajoutez le gingembre, du poivre puis 10 cl d'eau. Remuez de temps en temps pour que les pommes n'accrochent pas. Elles sont cuites au bout de 15 minutes environ.
- Coupez les autres pommes en lamelles, conservez-en six pour les croustillants et faites dorer les autres dans une poêle avec les 30 g de beurre restants.
- Préchauffez le four à 180 °C (th. 6). À l'aide d'un pinceau, enduisez les feuilles de brick d'huile d'arachide sur les deux faces.
- Enlevez la membrane autour du boudin et mettez-le dans un saladier. Mélangez avec les oignons dorés. Répartissez sur la partie basse des feuilles, ajoutez une lamelle de pomme, rabattez les côtés, enroulez et collez avec le blanc d'œuf.
- Enfournez et laissez cuire 10 minutes. Pendant ce temps, préparez les assiettes, répartissez sur les bords les lamelles de pommes et la purée chaudes. Vous poserez le croustillant au centre.

Coussinets de lardons aux champignons

Pour 6 personnes

600 g de lardons fumés

1 kg de champignons mélangés (champignons de Paris, pleurotes…)

3 oignons

2 échalotes

1 bouquet de persil

30 g de beurre

6 feuilles de brick

200 g de noisettes grillées

Huile d'arachide

Sel et poivre

Temps de préparation et de cuisson : 50 mn

- Coupez la base du pied des champignons, lavez-les soigneusement et essuyez-les avec un papier absorbant. Coupez-les en morceaux, salez, poivrez et faites-les cuire dans le beurre, pendant 10 minutes environ à feu moyen, jusqu'à ce que l'eau s'évapore.
- Pendant ce temps, broyez grossièrement les noisettes.
- Pelez les oignons et les échalotes, coupez-les en tout petits morceaux. Dans une sauteuse, faites dorer les lardons. Dès que le gras commence à fondre, ajoutez les oignons et les échalotes. Remuez et ciselez dessus le persil bien lavé. Poivrez.
- Préchauffez le four à 180 °C (th. 6).
- Détachez les feuilles de brick de leur papier de séparation et, à l'aide d'un pinceau, enduisez-les d'huile d'arachide sur les deux faces.
- Dans le tiers bas de chaque feuille, répartissez les champignons et les lardons, saupoudrez avec une partie des noisettes, rabattez les côtés et pliez pour former le coussinet. Enfournez et faites cuire 10 minutes.
- Servez chaud et répartissez le reste des noisettes sur le coussinet.

Bricks à l'agneau à la harissa

Pour 24 bricks

500 g de gigot d'agneau

2 oignons

3 gousses d'ail

1 bouquet de persil

1 bouquet de coriandre fraîche

1 cuill. à café de harissa

12 feuilles de brick

3 cuill. à soupe d'huile d'olive

Huile pour friture

Sel et poivre

Temps de préparation et de cuisson : 50 mn

• Pelez, lavez et coupez en lamelles les oignons et l'ail. Hachez la viande ou demandez à votre boucher de le faire. Lavez le persil et la coriandre.

• Dans une marmite, versez l'huile d'olive et faites blondir les oignons et l'ail pendant 5 minutes à feu moyen. Lorsqu'ils sont prêts, ajoutez la viande et versez 1 verre d'eau. Laissez mijoter à feu doux pendant 15 minutes environ, jusqu'à ce que l'eau s'évapore.

• Deux minutes avant la fin de la cuisson, ciselez dans la marmite le persil et la coriandre, ajoutez la harissa, salez et poivrez. Mélangez bien à l'aide d'une spatule.

• Séparez les feuilles de brick de leur papier de séparation et coupez-les en deux.

• Disposez la feuille devant vous dans le sens de la hauteur, déposez 1 cuillerée de farce sur la partie basse de la feuille, rabattez les côtés et pliez pour former un triangle.

• Faites frire dans une huile chaude mais non fumante, posez quelques secondes sur un papier absorbant et servez chaud.

Vous pouvez préparer à l'avance ces bricks et les conserver crus dans le congélateur.

Tartelettes de tomates confites

Pour 6 personnes

3 kg de tomates

5 gousses d'ail

18 belles feuilles de basilic

250 g de mozzarella

6 feuilles de brick

5 cuill. à soupe d'huile d'olive

Huile d'arachide

Sel et poivre

Temps de préparation et de cuisson : 1 h 30

- Préchauffez le four à 120 °C (th. 4).
- Pelez les gousses d'ail et coupez-les en lamelles.
- Plongez les tomates 2 minutes dans un saladier d'eau bouillante, puis passez-les à l'eau froide avant de les peler. Coupez-les en quatre et épépinez-les.
- Recouvrez la plaque du four d'un papier sulfurisé et disposez dessus les tomates. Arrosez-les avec la moitié d'huile d'olive, salez, poivrez et éparpillez des lamelles d'ail. Faites confire 1 heure en retournant les tomates à mi-cuisson.
- Détachez les feuilles de brick de leur papier de séparation et découpez 3 ronds dans chaque feuille que vous badigeonnez d'huile d'arachide sur les deux faces, à l'aide d'un pinceau.
- Lorsque les tomates sont prêtes, augmentez le four à 180 °C (th. 6).
- Disposez 3 ronds l'un sur l'autre pour confectionner le fond de tarte. Déposez les tomates dessus, recouvrez avec des tranches fines de mozzarella et des feuilles de basilic, ajoutez quelques quartiers de tomate, arrosez avec le reste d'huile d'olive et faites cuire 8 minutes. Servez chaud.

Vous pouvez préparer les tomates à l'avance et les conserver dans un bocal après les avoir recouvertes d'huile d'olive.

Cigares à la merguez

Pour 6 personnes
6 merguez
4 feuilles de brick
1 blanc d'œuf
Huile de friture
Temps de préparation et de cuisson : 20 mn

• Retirez la membrane des merguez et coupez la chair en quatre.

• Détachez les feuilles de brick de leur papier de séparation et coupez-les en six.

• Disposez le triangle de feuille obtenu partie large vers vous et déposez un morceau de merguez vers le bas. Rabattez les côtés et enroulez pour former un cigare que vous collez avec un peu de blanc d'œuf.

• Faites frire les cigares dans de l'huile chaude mais non fumante, puis posez-les quelques secondes sur un papier absorbant avant de les servir chauds.

Vous pouvez préparer les cigares à l'avance et les conserver crus au congélateur.

Triangles de courgettes à la feta

Pour 20 triangles

3 courgettes fraîches

3 branches de persil

100 g de feta

50 g de gruyère râpé

1 œuf entier

1 blanc d'œuf

10 feuilles de brick

Huile de friture

Sel et poivre

Temps de préparation et de cuisson : 1 h

• Coupez les extrémités des courgettes avant de les laver. Lavez également le persil.

• Râpez les courgettes, salez-les et laissez-les égoutter dans une passoire.

• Dans un saladier, écrasez la feta, ciselez le persil et mélangez avec le gruyère râpé. Salez très légèrement et poivrez.

• Prenez entre vos mains les courgettes râpées et pressez-les bien pour en retirer toute l'eau. Versez-les dans le saladier et mélangez le tout avec l'œuf.

• Détachez les feuilles de brick de leur papier de séparation et coupez-les en deux.

• Disposez la demi-feuille en long devant vous dans le sens de la hauteur et déposez 1 cuillerée de farce sur l'extrémité basse de la feuille. Rabattez les côtés et pliez pour former un triangle que vous collez avec un peu de blanc d'œuf.

• Faites frire dans une huile chaude mais non fumante.

Vous pouvez préparer les triangles à l'avance et les conserver crus au congélateur.

Croustillants de carottes au curry

Pour 6 personnes

6 carottes moyennes

6 petits oignons frais

2 gousses d'ail

1 bouquet de coriandre fraîche

1 blanc d'œuf

9 feuilles de brick

1 cuill. à soupe de miel

1 cuill. à soupe de curry

3 cuill. à soupe d'huile d'olive

Huile pour friture

Sel et poivre

Temps de préparation et de cuisson : 50 mn

- Pelez et lavez les carottes, les oignons et l'ail. Lavez soigneusement la coriandre.
- Hachez le tout grossièrement à l'aide d'un robot et faites revenir la préparation obtenue dans une poêle pendant 10 minutes à feu moyen avec l'huile d'olive.
- Ajoutez le curry, le miel, du sel et du poivre. Mélangez bien et continuez la cuisson à feu doux pendant 10 minutes environ.
- Détachez les feuilles de brick de leur papier de séparation et coupez-les en deux.
- Disposez la demi-feuille de brick devant vous dans le sens de la hauteur et déposez une cuillerée de carotte râpée sur l'extrémité basse de la feuille. Rabattez les bords et pliez pour former un triangle que vous collez avec le blanc d'œuf.
- Faites frire dans une huile chaude mais non fumante, posez quelques secondes sur un papier absorbant et servez chaud.

Aumônières de saint-jacques

Pour 6 personnes

30 noix de saint-jacques

15 tomates cerises

1 gros oignon

Jus de 2 citrons

6 brins de ciboulette

50 cl de crème fleurette

10 g de beurre

9 feuilles de brick

2 cuill. à soupe de graines de sésame

2 cuill. à café de poudre de curry

Huile d'arachide

Sel et poivre

Temps de préparation et de cuisson : 30 mn

• Pelez l'oignon et coupez-le en lamelles. Lavez les tomates et les saint-jacques, égouttez-les et coupez les tomates en deux.

• Dans une poêle, faites revenir les oignons dans le beurre. Lorsqu'ils sont dorés, au bout de 5 minutes, retirez-les du feu.

• Dans une casserole d'eau bouillante salée, faites ramollir pendant 1 minute les brins de ciboulette.

• Détachez les feuilles de brick de leur papier de séparation, gardez-en six entières et coupez 2 ronds dans les trois restantes.

• Préchauffez le four à 180 °C (th. 6). À l'aide d'un pinceau, badigeonnez la plaque du four et les deux faces des feuilles avec un peu d'huile d'arachide. Posez une feuille de brick sur une surface plate, disposez au centre un rond, étalez un peu d'oignon, posez 5 demi-tomates, saupoudrez de sésame et disposez dessus 5 noix de saint-jacques. Salez et poivrez.

• Remontez les bords de la feuille et attachez avec un brin de ciboulette. Faites cuire 10 minutes environ. Surveillez bien la cuisson, l'aumônière doit être dorée, mais pas foncée.

• Préparez la sauce en faisant chauffer la crème à feu doux avec le jus des citrons, le curry, du sel et du poivre.

• Placez les aumônières dans des assiettes, versez la sauce autour et saupoudrez de sésame.

Pastilla aux citrons confits

Pour 6 personnes

4 pigeons
1 citron frais
Jus de 1 citron
4 oignons
8 œufs
1 bouquet de coriandre fraîche
1 bouquet de persil plat
3 citrons confits
1 cuill. à café de gingembre en poudre
1 cuill. à café de curcuma
1 cuill. à café de niora concassée ou de paprika doux grossièrement moulu
8 feuilles de brick
4 cuill. à soupe d'huile d'olive
Huile d'arachide
Sel et poivre

Temps de préparation et de cuisson : 1 h 10

• Faites dessaler pendant 10 minutes les citrons confits dans un bol d'eau froide.

• Découpez les pigeons en morceaux. Dans une marmite, versez la moitié de l'huile d'olive et faites cuire les pigeons à feu doux pendant 15 minutes avec 10 cl d'eau et le jus de 1 citron.

• Pelez les oignons et coupez-les en lamelles. Lavez la coriandre et le persil. Dans une sauteuse, faites revenir les oignons dans l'huile. Lorsqu'ils sont dorés, ajoutez les citrons confits coupés en petits morceaux, le persil, la coriandre ciselés, le gingembre, le curcuma, la niora, du sel et du poivre. Mélangez avant d'ajouter les œufs. Remuez délicatement et retirez du feu alors que les œufs sont encore moelleux.

• Préchauffez le four à 180 °C (th. 6). Lorsque les pigeons sont cuits, désossez-les, et coupez la chair en lanières.

• Enduisez les feuilles de brick d'huile d'arachide.

• Disposez une feuille au centre d'un grand plat à four, puis disposez-en 4 ou 5 tout autour en laissant dépasser les feuilles des bords. Répartissez la moitié de la farce, recouvrez de 2 feuilles de brick, puis du reste de farce. Couvrez le tout d'une feuille de brick, rabattez les bords et enfournez.

• Au bout de 10 minutes, retirez le plat du four, décorez-le avec le deuxième citron coupé en fines rondelles et saupoudrez d'un peu de curcuma. Remettez au four encore 10 minutes, puis servez chaud.

Pastillas de cailles

Pour 6 personnes
6 cailles
3 oranges non traitées
6 oignons
1 bouquet de coriandre
30 g de beurre
6 feuilles de brick
100 g d'amandes émondées
1 cuill. à café de cannelle
1/2 cuill. à café de gingembre en poudre
1 cuill. à soupe de miel
1/2 cuill. à café de sucre en poudre
1 cuill. à soupe de Cointreau
Huile d'arachide
Sel et poivre
Temps de préparation et de cuisson : 45 mn

• Rincez les cailles et coupez-les en morceaux. Pelez les oignons et coupez-les en fines lamelles. Lavez la coriandre et les oranges, et broyez grossièrement les amandes.

• Épluchez 2 oranges en laissant la peau blanche. Hachez très finement la peau récupérée. Dans une casserole, faites confire le zeste obtenu en le faisant cuire avec le sucre en poudre et le Cointreau, à feu très doux, jusqu'à ce qu'il soit sec. Déposez-le sur une assiette pour qu'il refroidisse.

• Faites fondre le beurre dans une sauteuse, et faites-y blondir les oignons pendant 3 minutes. Ajoutez les cailles et faites-les cuire dans le jus des 2 oranges pelées. Assaisonnez avec le miel, la moitié de la cannelle et le gingembre, salez et poivrez. Deux minutes avant la fin de la cuisson, ciselez la coriandre sur les cailles. Lorsqu'elles sont cuites, au bout de 15 minutes, retirez-les du feu et désossez-les.

• Préchauffez le four à 180 °C (th. 6). Détachez les feuilles de brick et badigeonnez-les d'huile d'arachide sur les deux faces. Au centre de chaque feuille, déposez les cailles, saupoudrez d'amandes. Rabattez les bords de chaque côté sur la viande, puis pliez les autres bords pour fermer la pastilla. Coupez la dernière orange en tranches très fines, décorez chaque pastilla avec une tranche d'orange, une pincée le cannelle et un peu de zeste d'orange confit.

• Enfournez et laissez dorer 5 minutes. Servez aussitôt.

Coussinets de canard au caramel

Pour 6 personnes

4 beaux magrets de canard

18 petits oignons frais

6 feuilles de brick

200 g de sucre en poudre

2 cuill. à café de moutarde forte

1 cuill. à soupe rase de gingembre en poudre

3 cuill. à soupe de vinaigre de cidre

2 cuill. à soupe de sauce soja

Huile d'arachide

Sel et poivre

Temps de préparation et de cuisson : 40 mn

• Pelez les oignons et coupez-les en fines lamelles. Réservez au frais pour qu'ils restent bien blancs.

• Posez les magrets, côté peau, dans une poêle sans matière grasse. Laissez fondre à feu moyen pendant 10 minutes environ. Puis retournez les magrets et faites-les cuire sur l'autre face pendant 30 secondes.

• Préchauffez le four à 180 °C (th. 6).

• Pendant ce temps, détachez les feuilles de brick de leur papier de séparation et, à l'aide d'un pinceau, enduisez-les d'huile d'arachide sur les deux faces.

• Lorsque les magrets sont cuits, retirez la peau et découpez-les en lamelles. Répartissez le canard au centre de chaque feuille et ajoutez quelques lamelles d'oignons (ne mettez pas tout, le reste servira pour la décoration). Rabattez les bords sur le canard, puis pliez les deux autres côtés pour former le coussinet. Enfournez et faites dorer 10 minutes.

• Pendant ce temps, préparez le caramel : faites fondre le sucre dans une casserole à feu modéré. Surveillez-le bien, il ne doit pas trop foncer il serait amer. Quand il prend une jolie couleur dorée, ajoutez la moutarde, e vinaigre, le soja et le gingembre. Salez et poivrez. Remuez pour bien lier tous ces ingrédients.

• Placez le coussinet au centre de l'assiette, nappez de caramel et répartissez les lamelles d'oignons. Servez rapidement.

Rouleaux de légumes à la coriandre

Pour 24 rouleaux
3 carottes
200 g de soja frais
1 bouquet de coriandre fraîche
1 blanc d'œuf
12 feuilles de brick
1 cuill. à café pleine de cumin moulu
Huile pour friture
Sel et poivre
Temps de préparation et de cuisson : 30 mn

• Lavez le soja, la coriandre et les carottes soigneusement pelées.

• Râpez les carottes et coupez en 2 ou 3 le soja pour le raccourcir et mieux le manipuler. Ciselez grossièrement la coriandre.

• Dans un saladier, mélangez les carottes râpées, le soja et la coriandre, puis assaisonnez avec du sel, du poivre et le cumin.

• Détachez les feuilles de brick de leur papier de séparation et coupez-les en deux.

• Disposez devant vous la demi-feuille dans le sens de la hauteur. Déposez sur la partie basse un peu du mélange obtenu précédemment (ce que vous pouvez tenir aux bouts de vos doigts), rabattez les côtés et enroulez pour former un gros cigare que vous collez avec un peu de blanc d'œuf.

• Faites frire les rouleaux dans une huile chaude mais non fumante, posez-les quelques secondes sur un papier absorbant et servez chaud.

Présentez les rouleaux avec un petit bol de sauce soja dans lequel vous aurez ajouté un peu d'eau et une cuillerée à café de miel.

Cigares aux dattes et aux noix

Pour 40 cigares
250 g de dattes
300 g de noix décortiquées
1 blanc d'œuf
10 feuilles de brick
150 g de sucre
1/2 cuill. à café de cannelle en poudre
500 g de miel liquide
Huile pour friture
Temps de préparation et de cuisson : 1 h 15

- Lavez les dattes, séchez-les et dénoyautez-les. Hachez ensemble les noix et les dattes. Ajoutez le sucre et la cannelle.
- Avec cette farce, préparez des petits boudins de 3 cm de long, déposez-les au fur et à mesure dans une assiette.
- Détachez les feuilles de brick de leur papier de séparation et coupez-les en quatre.
- Posez vers vous le grand côté du triangle, déposez un boudin de farce. Rabattez les bords et enroulez pour former le cigare. Collez avec le blanc d'œuf.
- Faites frire les cigares à la poêle dans de l'huile chaude, mais non fumante, puis posez-les quelques secondes sur du papier absorbant.
- Dans une casserole, faites chauffer le miel à feu doux et trempez-y les cigares chauds. Disposez-les directement dans le plat de service.

Crumble aux pommes et à la rhubarbe

Pour 6 personnes
4 pommes boskoop
5 branches de rhubarbe
200 g de beurre
40 cl de crème fraîche
3 feuilles de brick
200 g de cassonade
1/2 cuill. à café de gingembre en poudre
Huile d'arachide
Temps de préparation et de cuisson : 35 mn

- Pelez les pommes, épluchez la rhubarbe et coupez-les en morceaux.
- Dans une casserole, faites fondre le beurre, ajoutez la cassonade puis versez la rhubarbe. Laissez cuire à feu doux pendant 5 minutes. Ajoutez ensuite les pommes et le gingembre. Faite-les cuire 10 minutes, puis versez dans un plat allant au four.
- Préchauffez le four à 180 °C (th. 6).
- Détachez les feuilles de brick de leur papier de séparation et, à l'aide d'un pinceau, badigeonnez-les d'huile d'arachide sur les deux faces. Découpez-les en lanières de 1 cm de largeur, chiffonnez-les à la main et répartissez-les sur les fruits. Enfournez et laissez dorer 5 minutes.
- Servez tiède accompagné de crème fraîche.

Vous pouvez réaliser ce crumble avec tous les fruits que vous aimez, vous pourrez ainsi varier ce dessert.

Feuilletés de fruits rouges

Pour 6 personnes
150 g de framboises
150 g de fraises
150 g de mûres
1/2 l de glace à la mangue
Coulis de framboises
6 feuilles de brick
Sucre glace
Huile de friture
Temps de préparation et de cuisson : 20 mn

• Lavez délicatement les fruits et égouttez-les sur du papier absorbant.

• Détachez les feuilles de brick de leur papier de séparation, découpez 4 ronds à l'intérieur de chaque feuille.

• Dans une poêle, faites dorer les ronds de brick sur les deux faces et posez-les quelques secondes sur du papier absorbant.

• Lorsque toutes les feuilles sont frites, préparez les feuilletés sur les assiettes de service. Superposez une feuille de brick, les fruits rouges, une nouvelle feuille de brick, des petites boules de glace, une autre feuille de brick, les fruits rouges et terminez par une dernière feuille de brick que vous saupoudrez de sucre glace. Entourez d'un filet de coulis de framboises et servez rapidement pour que les feuilles ne ramollissent pas.

Corolles aux fruits exotiques

Pour 6 personnes
1 ananas
3 bananes
3 kiwis
2 mangues
1 carambole
100 g de beurre
12 feuilles de brick
100 g de cassonade
1 sachet de sucre vanillé
1 pointe de cannelle en poudre

Temps de préparation et de cuisson : 35 mn

• Pelez les bananes et coupez-les en rondelles. Épluchez l'ananas, les mangues et les kiwis, et coupez-les en morceaux.

• Préchauffez le four à 180 °C (th. 6).

• Détachez les feuilles de brick de leur papier de séparation. À l'aide d'un pinceau, enduisez-les sur les deux faces de la moitié du beurre fondu. Formez les corolles en superposant 2 feuilles de brick dans un ramequin, rabattez les bords et enfournez. Faites dorer 5 minutes.

• Dans une poêle, faites fondre le reste du beurre à feu doux et faites dorer tous les fruits coupés avec la cassonade, le sucre vanillé et la cannelle. Remuez très délicatement pour ne pas abîmer les fruits. Faites très légèrement caraméliser les fruits, puis retirez-les du feu.

• Posez délicatement la corolle au milieu de l'assiette, remplissez-la avec les fruits et décorez avec des tranches fines de carambole, lavée mais non épluchée.

La styliste remercie les boutiques suivantes pour leur prêt de vaisselle et accessoires :
- Astier de Villate, 173, rue Saint-Honoré, 75001 Paris
- Droguerie Remue-ménage, 50, rue des Abbesses, 75018 Paris
- Jeannine Cros, 11, rue d'Assas, 75006 Paris
- La Samaritaine, 19, rue de la Monnaie, 75001 Paris
- Zéro One One, 2, rue Marengo, 75001 Paris

Photo de couverture : Éric Fenot, stylisme Delphine Brunet
Photos : Nathanaël Turpin-Griset, stylisme Sandra Mahut
Direction éditoriale : Corinne Cesano
Édition : Aurélie Aminian
Mise en pages : APS/Chromostyle
Photogravure : Point 4

ISBN : 978-2-263-05782-3
Code éditeur : S05782/04
Dépôt légal : juin 2012
Imprimé en Chine par Leo Paper